农村普法系列连环画
NONGCUN PUFA XILIE LIANHUANHUA

# 上访路上

龙 雷 著　　龙玮钰 绘

黄河出版传媒集团
阳 光 出 版 社

图书在版编目（CIP）数据

上访路上 / 龙雷编；龙玮钰绘. -- 银川：阳光出版社, 2017.10
（农村普法系列连环画）
ISBN 978-7-5525-3879-3

Ⅰ. ①上… Ⅱ. ①龙… ②龙… Ⅲ. ①信访工作－法律－中国－通俗读物 Ⅳ. ①D922.182-49

中国版本图书馆CIP数据核字(2017)第252458号

农村普法系列连环画　上访路上　　龙雷　编　龙玮钰　绘

策　　划　那大庆　龙　雷
责任编辑　谢　瑞
封面设计　晨　皓
责任印制　岳建宁

黄河出版传媒集团 阳光出版社 出版发行

出 版 人　王杨宝
地　　址　宁夏银川市北京东路139号出版大厦（750001）
网　　址　http：//www.ygchbs.com
网上书店　http：//shop129132959.taobao.com
电子信箱　yangguangchubanshe@163.com
邮购电话　0951-5014139
经　　销　全国新华书店
印刷装订　宁夏凤鸣彩印广告有限公司
印刷委托书号　（宁）0006635

开　　本　880mm×1230mm 1/32
印　　张　1
字　　数　20千字
版　　次　2018年1月第1版
印　　次　2018年1月第1次印刷
书　　号　ISBN 978-7-5525-3879-3
定　　价　10.00元

城郊希望村东临文山村，西靠乌龙江，南与陈家庄接壤，北以县城环城路为界，全村土地 5300 亩，村民 3603 人。随着县城南扩，希望村逐渐成为城市发展的重点区域。

老王是希望村的农民，今年六十岁，膝下一儿一女都已成家，老两口老实巴交地生活了一辈子，依然和老伴住着二十年前的老房子，虽然生活清贫，但日子过得充实幸福。

开春，政府科技工业园区规划公布后，老王的房子和承包地都在规划范围内，将被政府征用。

几天后，县土地局工作人员进村入户，开始实地测量土地面积，核对地面附着物。

老王做梦也没想到住了二十年的老房子要被拆迁，更想不到还能在城里置换一套楼房。所以，工作人员到老王家测量房子面积，老王非常热情，又是递烟又是递水，乐得合不拢嘴。

老王初步计算，房子和承包地能置换一套一百平方米的楼房，还能补偿十万块钱，老王琢磨着装修的钱也够了。

拆迁补偿公布后，老王一头雾水，自己的承包地怎么就成了徐三的？

于是，老王拒绝在《拆迁安置协议》上签字。

老王回忆起十年前，家里田多人少种不过来，就将承包地口头租给了徐三，那怎么就成徐三的了？

四年前，徐三和村主任把《承包地花名册》上老王的名字改成了徐三的名字，拆迁组按照村上提供的承包地名单将本属于老王的补偿款给了徐三。

老王找村里理论，村主任坚持认为承包地是徐三的。老王觉得村里没有王法，他要去县政府讨公道，拉着老伴到政府门前见车就拦，见人就挡，扰乱了政府正常的工作秩序。

老王老伴又睡在县长的车轱辘前，想引起领导的重视，以此来解决问题。

信访局的同志请老王到信访大厅，耐心细致地听完老王的讲述，给老王出具了《接访通知单》，转给老王所在乡政府依法调查处理，并告知老王六十日之内给予答复。

乡政府根据老王的诉求，组成信访调查组，翻阅原始资料，走访左邻右舍，认真调查。

老王等了还没有半个月又发生了另外一件事，邻居拐子五说："政府的事情，大闹大解决，小闹小解决，不闹不解决，你不去政府闹，能给你解决吗？"老王听了拐子五的话，纠集了七大姑八大姨到信访大厅，见人就打，见物就砸，大闹了一场。

公安机关以聚众闹事和冲击国家机关两项罪名，将老王和带头闹事的亲戚拘留了十五天。

一个月后，乡政府作出了答复——《关于老王承包地纠纷的答复》，老王看后更加郁闷！

乡政府调查后，并没有发现有证据支持老王的诉求，原本属于老王的承包地还是归徐三。老王气不过，哪有这样的道理？国家分给我的承包地成徐三的了，还有没有王法了？山高高不过太阳，力大大不过王法，他相信总有说理的地方。

晚上，老王越想越气，村上管不了，乡上管不了，县上管不了，还没有个管的地方了，还没有个说理的地方了？他和老伴商量走北京告状，他相信总有个说理的地方。

老王和老伴怕人看见，乘着夜深人静的时候，悄悄地坐上了去北京的火车。

老两口儿来到北京省吃俭用，住在潮湿的地下室，吃馒头喝凉水，生活艰辛，才知道在北京告状真的不容易。

就在老俩口走投无路的时候，又被骗子骗走了三万块钱。

一个月了再没见到帮忙的“好心人”，也没找到说理的地方，吃不好、住不好，老伴想回家了，可老王还是要坚持留在北京继续告状。

受骗后老王找到了国家信访局，国家信访局的同志认真接待了老王，给老王解释国家信访政策，并告知老王应到当地处理问题。

老王以为国家也不管了！在国家信访局信访大厅推翻了桌子，打了人，砸了玻璃，撬了门。老王以为事情闹大了总会有人管呢，问题也就好解决了。

这一闹不但问题没有解决，又被县公安局和乡干部接回当地，并以寻衅滋事罪拘留十五天，赔偿损坏物品 5600 元，治安罚款 500 元。

老王觉得上访这条路行不通了，就在老王万念俱灰的时候，参加了县司法局举办的法律知识培训班，才知道自己的上访行为违反了《中华人民共和国信访条例》的规定。培训班的学习启发了老王，他心里想，一定要拿起法律的武器来维护自己的权益。

老王意识到胡闹是解决不了问题的，因为不懂法律走了很多弯路。于是老王拿起电话拨打了 12348 法律服务热线，求助法律援助中心帮他打官司，争取自己的合法权益。

县司法援助中心给老王安排了援助律师，帮老王打官司，同时帮老王写了民事起诉书，向县法院提起民事诉讼。

半个月后，在律师的陪同下，老王就土地承包权属事宜和徐三对簿公堂。

为了帮老王讨回公道，律师先后到了乡财经所和县农机管理站查调《土地承包合同》原始档案资料，在强有力的证据面前，徐三羞愧地低下了头。最后法院依法判决承包地归老王所有。老王拿着法院的判决书，争取回了自己的合法权益，徐三也退还了土地补偿款。

入冬后，老王搬进了政府分配的楼房，社区又联系老王在工业园区当保安，老伴到物业公司打扫卫生，从此一家人过上了幸福安宁的生活。

# 中华人民共和国信访条例（节选）

第一章　总则

第一条　为了保持各级人民政府同人民群众的密切联系，保护信访人的合法权益，维护信访秩序，制定本条例。

第二条　本条例所称信访，是指公民、法人或者其他组织采用书信、电子邮件、传真、电话、走访等形式，向各级人民政府、县级以上人民政府工作部门反映情况，提出建议、意见或者投诉请求，依法由有关行政机关处理的活动。

采用前款规定的形式，反映情况，提出建议、意见或者投诉请求的公民、法人或者其他组织，称信访人。

第三条　各级人民政府、县级以上人民政府工作部门应当做好信访工作，认真处理来信、接待来访，倾听人民群众的意见、建议和要求，接受人民群众的监督，努力为人民群众服务。

各级人民政府、县级以上人民政府工作部门应当畅通信访渠道，为信访人采用本条例规定的形式反映情况，提出建议、意见或者投诉请求提供便利条件。

任何组织和个人不得打击报复信访人。

第四条　信访工作应当在各级人民政府领导下，坚持属地管理、分级负责，谁主管、谁负责，依法、及时、就地解决问题与疏导教育相结合的原则。

第五条　各级人民政府、县级以上人民政府工作部门应当科学、民主决策，依法履行职责，从源头上预防导致信访事项的矛盾和纠纷。

县级以上人民政府应当建立统一领导、部门协调，统筹兼顾、标本兼治，各负其责、齐抓共管的信访工作格局，通过联席会议、建立排查调处机制、建立信访督查工作制度等方式，及时化解矛盾和纠纷。

各级人民政府、县级以上人民政府各工作部门的负责人应当阅批重要来信、接待重要来访、听取信访工作汇报，研究解决信访工作中的突出问题。



第六条　县级以上人民政府应当设立信访工作机构；县级以上人民政府工作部门及乡、镇人民政府应当按照有利工作、方便信访人的原则，确定负责信访工作的机构（以下简称信访工作机构）或者人员，具体负责信访工作。

县级以上人民政府信访工作机构是本级人民政府负责信访工作的行政机构，履行下列职责：

（一）受理、交办、转送信访人提出的信访事项；

（二）承办上级和本级人民政府交由处理的信访事项；

（三）协调处理重要信访事项；

（四）督促检查信访事项的处理；

（五）研究、分析信访情况，开展调查研究，及时向本级人民政府提出完善政策和改进工作的建议；

（六）对本级人民政府其他工作部门和下级人民政府信访工作机构的信访工作进行指导。

第七条　各级人民政府应当建立健全信访工作责任制，对信访工作中的失职、渎职行为，严格依照有关法律、行政法规和本条例的规定，追究有关责任人员的责任，并在一定范围内予以通报。各级人民政府应当将信访工作绩效纳入公务员考核体系。

第八条　信访人反映的情况，提出的建议、意见，对国民经济和社会发展或者对改进国家机关工作以及保护社会公共利益有贡献的，由有关行政机关或者单位给予奖励。

对在信访工作中做出优异成绩的单位或者个人，由有关行政机关给予奖励。

## 第二章 信访渠道

第九条　各级人民政府、县级以上人民政府工作部门应当向社会公布信访工作机构的通信地址、电子信箱、投诉电话、信访接待的时间和地点、查询信访事项处理进展及结果的方式等相关事项。

各级人民政府、县级以上人民政府工作部门应当在其信访接待场所或者网站公布与信访工作有关的法律、法规、规章，信访事项的处理程序，以及其他为信访人提供便利的相关事项。

第十条　设区的市级、县级人民政府及其工作部门，乡、镇人民政府应当建立行政机关负责人信访接待日制度，由行政机关负责人协调处理信访事项。信访人可以在公布的接待日和接待地点向有关行政机关负责人当面反映信访事项。

县级以上人民政府及其工作部门负责人或者其指定的人员，可以就信访人反映突出的问题到信访人居住地与信访人面谈沟通。

第十一条　国家信访工作机构充分利用现有政务信息网络资源，建立全国信访信息系统，为信访人在当地提出信访事项、查询信访事项办理情况提供便利。

县级以上地方人民政府应当充分利用现有政务信息网络资源，建立或者确定本行政区域的信访信息系统，并与上级人民政府、政府有关部门、下级人民政府的信访信息系统实现互联互通。

第十二条　县级以上各级人民政府的信访工作机构或者有关工作部门应当及时将信访人的投诉请求输入信访信息系统，信访人可以持行政机关出具的投诉请求受理凭证到当地人民政府的信访工作机构或者有关工作部门的接待场所查询其所提出的投诉请求的办理情况。具体实施办法和步骤由省、自治区、直辖市人民政府规定。

第十三条　设区的市、县两级人民政府可以根据信访工作的实际需要，建立政府主导、社会参与、有利于迅速解决纠纷的工作机制。

信访工作机构应当组织相关社会团体、法律援助机构、相关专业人员、社会志愿者等共同参与，运用咨询、教育、协商、调解、听证等方法，依法、及时、合理处理信访人的投诉请求。

# 信访接待流程图

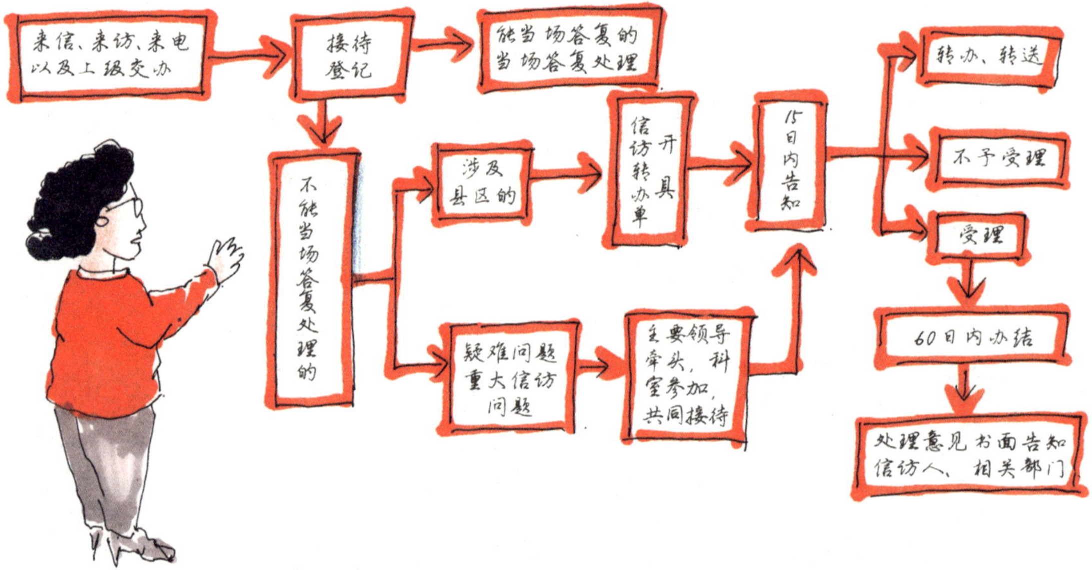
来信、来访、来电以及上级交办
接待登记
能当场答复的当场答复处理
不能当场答复处理的
涉及县区的
开具信访转办单
15日内告知
转办、转送
不予受理
受理
60日内办结
处理意见书面告知信访人、相关部门
疑难问题重大信访问题
主要领导牵头，科室参加，共同接待